who

when

where

who

when

where

who

when

where

who

when

where

who _____
when _____
where _____

who _____
when _____
where _____

who _____
when _____
where _____

who _____
when _____
where _____

who _____
when _____
where _____

who _____
when _____
where _____

who

when

where

who

when

where

who _____
when _____
where _____

who _____
when _____
where _____

who _____

when _____

where _____

who _____

when _____

where _____

who

when

where

who

when

where

who _____
when _____
where _____

who _____
when _____
where _____

who

when

where

who

when

where

who

when

where

who

when

where

who

when

where

who

when

where

who _____
when _____
where _____

who _____
when _____
where _____

who

when

where

who

when

where

who

when

where

who

when

where

who

when

where

who

when

where

who _____
when _____
where _____

who _____
when _____
where _____

who

when

where

who

when

where

who

when

where

who

when

where

who _____
when _____
where _____

who _____
when _____
where _____

who
when
where

who
when
where

who
when
where

who
when
where

who
when
where

who
when
where

who

when

where

who

when

where

who
when
where

who
when
where

who _____
when _____
where _____

who _____
when _____
where _____

who
when
where

who
when
where

who

when

where

who

when

where

who _____

when _____

where _____

who _____

when _____

where _____

who

when

where

who

when

where

who

when

where

who

when

where

who

when

where

who

when

where

who

when

where

who

when

where

who _____
when _____
where _____

who _____
when _____
where _____

who

when

where

who

when

where

who
when
where

who
when
where

who

when

where

who

when

where

who _____
when _____
where _____

who _____
when _____
where _____

who

when

where

who

when

where

who
when
where

who
when
where

who

when

where

who

when

where

who
when
where

who
when
where

who

when

where

who

when

where